Charles Székely

Pierres précieuses cachées

Charles Székely

Pierres précieuses cachées

Énigme

Éditions Croix du Salut

Imprint
Any brand names and product names mentioned in this book are subject to trademark, brand or patent protection and are trademarks or registered trademarks of their respective holders. The use of brand names, product names, common names, trade names, product descriptions etc. even without a particular marking in this work is in no way to be construed to mean that such names may be regarded as unrestricted in respect of trademark and brand protection legislation and could thus be used by anyone.

Cover image: www.ingimage.com

Publisher:
Éditions Croix du Salut
is a trademark of
Dodo Books Indian Ocean Ltd. and OmniScriptum S.R.L publishing group

120 High Road, East Finchley, London, N2 9ED, United Kingdom
Str. Armeneasca 28/1, office 1, Chisinau MD-2012, Republic of Moldova, Europe
Managing Directors: Ieva Konstantinova, Victoria Ursu
info@omniscriptum.com

Printed at: see last page
ISBN: 978-613-7-36465-9

Préface

Voilà quelques enseignements d'inspiration subite.

Il y a des instants où je me sens attiré par des idées qui surgissent dans mon esprit à base scripturaire. Ils viennent surtout la nuit, en m'éveillant de mon sommeil. Ils sont d'actualité au moment donné, en répondant à une nécessité du jour.

Il est donc utile d'en laisser plusieurs à ma postérité.

Ludus, le 12 janvier 2025 .Charles Székely.

1. Ce que dit la Bible sur l'homme et la vie

Versets de base

1.L'Éternel Dieu fit l'homme de la poussière de la terre, il souffla dans ses narines un souffle de vie et l'homme devint une âme vivante. (Genèse 2 :7)

2.Il y a un seul Seigneur, une seule foi, un seul baptême, un seul Dieu et Père de tous, qui est au-dessus de tous et parmi tous et en tous. (Ephésiens 4 :5,6)

3.Je suis celui qui suis. Et il ajouta : C'est ainsi que tu répondras aux enfants d'Israël : Celui qui s'appelle « Je suis » m'a envoyé vers vous. (Exode 3 :14)

4.Dieu est Esprit et il faut que ceux qui l'adore, l'adorent

en esprit et en vérité.(Jean 4 :24)

5.Que le Dieu de paix vous sanctifie lui-même tout entiers, et que tout votre être, l'esprit, l'âme et le corps, soit conservé irréprochable lors de l'avènement de notre Seigneur Jésus Christ. Celui qui vous a appelés est fidèle et c'est Lui qui le fera . (1Thessaloniciens 5 :23 ;24)

6. Mais il la saisit par la main, et dit d'une voix forte : Enfant, lève-toi. Et son esprit revint en elle, et à l'instant

elle se leva, et Jésus ordonna qu'on lui donne à manger. (Luc 8 :54,55)

7.Et auquel des anges a-t-il jamais dit : Assieds-toi à ma droite jusqu'à ce que je fasse de tes ennemis ton marchepieds ? Ne sont-ils pas tous des esprits au service de Dieu, envoyés pour exercer un ministère en faveur de ceux qui doivent hériter du salut ?(Hébreux 1 :13,14)

Prendre la Bible comme source d'informations et de conseils précieux ne caractérise que les gens de foi. Le reste de la société jette l'opprobre sur la Sainte Écriture, arguant qu'elle serait pleine de fautes humaines. .

Ce qui me fait croire à la Bible, c'est le témoignage qu'en rend le Seigneur Jésus lorsqu'il se rappelle Abraham, Jonas et d'autres personnages de la Bible. Le Seigneur est mort sur la croix et le troisième jour il est ressuscité. Il connaît à la foi ce monde passagère des hommes et le monde éternel des esprits.

D'ailleurs, les écrivains de la Bible sont saints : prophètes, sages, apôtres qui ont en horreur le mensonge et s'opposent fermement aux fils du Père de Mensonge. (Jean 8 :44) La Maison de l'Eternel est en conflit permanent avec la Maison du Diable. Et cela dure depuis la création du monde. (Matthieu 13 :24-43) La tierce partie des anges se sont révoltés contre l' Éternel .(Apoc.12 :3)

Ce que contestent le plus les athées, ce sont les récits concernant la création du monde où se manifeste de manière prégnant la toute-puissance de Dieu. Dieu prit de la poussière de la terre, en fit une statue à sa propre ressemblance et souffla dans ses narines un souffle de vie. C'est ainsi que la terre rouge devint un être vivant.

La Bible soulève sa voix contre le polythéisme qui égare les gens en guète de Dieu. Elle précise qu'il n'y qu'un seul Dieu, Père de tous, qui est au-dessus de tous ,au milieu de tous et en tous, travaillant par tous.

Puisque c'est Dieu qui travaille par tous, c'est-à-dire, c'est Lui qui donne à tous la force, la volonté et le faire, Il se présenta à Moïse ainsi : »Je suis Celui qui suis ». J'y entend que c'est lui l'existence. On peut le reconnaître dans tous ce qui arrive. (Proverbes 3 :5,6) Tout se fait dans le monde selon son projet éternel, y compris la chute adamique et le sacrifice de Jésus.

Le Seigneur découvre que Dieu est Esprit. Il fait partie d'une autre dimension du monde. En conséquent, il ne se plaît qu'à notre adoration faite par notre esprit rené. La naissance d'Esprit caractérise ceux qui croient au sacrifice et à la résurrection de Christ et sont baptisés. (Jean 1 :1-14, Romains 10 :9,10, Jean 3 :5, Marc 16 :16)

Il est instructif de dire que l'homme même est une trinité : esprit, âme et corps. Le péché adamique empêche le bon service de l'esprit, appelé à communiquer avec Dieu. C'est ce que veut révéler Paul aux Ephésiens, en disant : » Vous étiez morts par vos offenses et par vos péchés, dans lequel vous marchiez autrefois. » (Ephésiens 2 : 1,2) D'ici la nécessité d'être né de nouveau.

L'esprit, c'est l'élément qui emprunte la vie à l'âme et au corps. Lorsque la fille de Jaïrus mourut, son esprit sortit d'elle. Lorsqu'il revint, la fille ressuscita. Quand l'esprit sort, il emporte tout son héritage conservé dans l'âme, son expérience de vie dont il doit rendre compte devant Christ (2Corinthiens 5 :10)

L'esprit est un être céleste. Les esprits envoyés du Ciel pour rendre service aux élus de Dieu s'appellent anges. L'homme est un ange renfermé dans une maison d'argile.

Ludus,le 16 mai 2024   Charles Székely

2. La foi d'Abraham

Versets de base

C'est pourquoi les héritiers le sont par la foi pour que ce soit par la grâce, afin que la promesse soit assurée à toute la postérité, non seulement à celle qui est sous la loi, mais aussi à celle qui a la foi d'Abraham, notre père à tous, selon qu'il est écrit : Je t'ai établi père d 'un grand nombre de nations. Il est notre père devant celui auquel il a cru, Dieu, qui donne la vie aux morts, et qui appelle les choses qui ne sont point, comme si elles étaient. Espérant contre toute espérance, il crut et devint aussi le père d'un grand nombre de nations, selon ce qui lui avait été dit : telle sera ta postérité. Et sans faiblir dans la foi, il ne considéra point que son corps était déjà usé, puisqu'il avait près de cent ans, et Sarah n'était point en état d'avoir des enfants. Il ne douta point par incrédulité au sujet de la promesse de Dieu ; mais il fut fortifié par la foi, donnant grâce à Dieu, et ayant la pleine conviction que ce qu'il promet il peut aussi accomplir. C'est pourquoi cela lui fut imputé à justice. Mais ce n'est pas à cause de lui seul qu'il est écrit que cela lui fut imputé, c'est encore à cause de nous, à qui cela sera imputé, à nous qui croyons en celui qui a ressuscité des morts Jésus notre Seigneur, qui a été livré pour nos offenses, et ressuscité pour notre justification. (Romains 4 :16-25)

Il est très instructif de conférer sur la foi d'Abraham, car c'est la foi qui a été donnée » une fois pour toutes » aux saints. . Or la foi c'est un esprit. (cf. 2Corinthiens 4 :13) Par conséquent, les enfants d'Abraham ont le même esprit que lui.

En querelle avec certains Juifs, Jésus leur dit : » Si vous étiez enfants d'Abraham, vous feriez les oeuvres d'Abraham. » (Jean 8 :39) Les comportements portent donc le sceau de l'esprit qui habite en nous. On reconnaît les enfants d'Abraham à leur manière de vivre, car l'esprit d'Abraham a été répandu sur tous les peuples.

Notre attitude envers Dieu dépend de l'esprit que nous avons hérité de nos parents charnels. D'un côté, l'esprit d'Abraham imprime à l'homme la crainte de Dieu, concrétisée en actes d'obéissance envers la Parole divine. D'autre côté, cet esprit pousse à croire à la résurrection des morts.

Dieu a promis à Abraham un enfant en dépit de l'âge avancé de son serviteur. Cela n'a point empêché ce serviteur fidèle d'accorder foi à cette promesse. Cette attitude lui a été imputée à justice.

Quant à nous, ses enfants spirituels, notre confiance dans la résurrection de Christ nous est imputée à justice. L'homme naît en péché, souillé du péché originaire. Il ne peut être justifié que par le sang de Jésus. Sa justification commence au moment où il exprime sa foi, venant du coeur, en la résurrection de Christ, foi qu'on confesse dans l'eau du baptême. (Romains 10 :9,10 ; Marc 16 :16)

En conclusion, les enfants d'Abraham craignent Dieu, ils obéissent à sa Parole, ne doute pas des promesses divines, ils sont partisans de la résurrection des morts et croient à la résurrection de Christ.

Ludus, le 24 juin 2023   Charles Székely

3. La Lettre qui tue et l'Esprit qui vivifie

Versets de base

Vous êtes manifestement une lettre de Christ, écrite par notre ministère, non avec de l'encre, mais avec l'Esprit du Dieu vivant, non sur des tables de pierre, mais sur des tables de chair, sur les coeurs. Cette assurance-là nous l'avons par Christ, auprès de Dieu. Ce n'est pas à dire que nous soyons par nous-mêmes capables de concevoir quelque chose comme venant de nous-mêmes. Notre capacité au contraire vient de Dieu. Il nous a rendus aussi capables d'être ministres d'une nouvelle alliance, non de la lettre, mais de l'Esprit : car la lettre tue ; mais l'Esprit vivifie. (2 Corinthiens 3 :3-6)

C'est un sujet compliqué puisque les livres de Ancien Testament aussi bien que les livres de la Nouvelle Alliance comportent des lettres. Ce qui les distingue, spirituellement parlent, c'est que les paroles de l'Evangile transmettent la vie de Christ. Ā l'appui la suivante insertion de Paul : Est-ce que par les oeuvres de la loi que vous avez reçu l'Esprit ou par la prédication de la foi ? (Galates 3 :2) S'il avait été donné une loi qui puisse procurer la vie, la justice viendrait réellement de la loi. On en conclut que la loi n'est point porteuse de vie éternelle, tandis que la foi l'est. (cf. Jean 6 : 63) Or ,la source de la foi, c'est l'Evangile.(2

Romains 10 :17) Les paroles de l'Evangile se prononcent afin de devenir vie pour le public.

Qui plus est, la loi est porteuse de malédiction, car elle maudit ceux qui la transgressent. Celui qui transgresse un seul ordre est sensé transgresser toute la loi. (Jacques 2 :10)

Paul envisage les croyants de Corinthe comme des lettres écrites à l'Esprit de Dieu. Le message que portent ces disciples n'est point incrusté sur des dalles de pierre, mais sur la chair du coeur, où habite l'Esprit. Dès le moment où l'Esprit s'est installé dans nos coeurs, nous réalisons des choses conçues par Dieu. Ce n'est point le croyant qui agit, mais Christ qui habite en lui. Le Seigneur assura ces disciples que ceux qui croient en lui feront des choses plus grandes que Lui. (Jean 14 :12-14) Or, l'Esprit de foi en Christ a trait à la résurrection de Jésus d'entre les morts.

Dans l'Ancienne Alliance on n'annonce point la résurrection de Jésus-Christ. C'est la nouvelle alliance qui s'en occupe. Les chrétiens sont ministres de la Nouvelle Alliance, ils n'ont point à faire à l'Ancienne Alliance.

Le peuple juif a été asservi à la Loi de Moïse, mais après la descente et le sacrifice de l'Agneau céleste, les élus de Dieu sont sous la grâce qui agit par la foi. C'est un non-sens que de soutenir que les peuples attachés à Christ doivent respecter les commandements de Moïse.

L'apôtre Paul enseigne que les Juifs-mêmes sont délivrés de la loi. « Ainsi la loi était comme un précepteur pour nous conduire à Christ, afin que nous soyons justifiés par la foi. La foi étant venue, nous ne sommes plus sous ce précepteur. Car vous êtes tous fils de Dieu par la foi en Jésus-Christ. » (Galates 3 :24-26) D'où donc cette phobie de rejeter certains aliments et de respecter le Sabbat ? Une alliance se fait selon le livre de l'alliance. Dans l'Evangile on ne trouve un sel verset qui exhorte à respecter ces choses-là.

Lorsque l'apôtre met en garde à l'égard de la lettre qui tue, il a en vue le décalogue, lettres qui ont été incrustées sur deux dalles de pierre. Les commandements qui apportent la malédiction tuent ceux qui s'en occupent. Personne ne peut les tenir.

Par contre, les chrétiens peuvent tenir la loi de Christ qui se repend et s'accomplit par l'Esprit de Dieu. « Portez les fardeaux les uns des autres, et vous accomplirez ainsi la loi de Christ. » (Galate 6 :2) Paul déclare même d'être sous la loi de Christ. (1Corinthiens 9 :21) Cette loi donne la vie à quiconque se fie au sacrifice et à la résurrection de Christ.

Ludus, le 25 juin 2023   Charles Székely

4. La paix et la sanctification

Versets de base

Recherchez la paix et la sanctification, sans laquelle personne ne verra le Seigneur. (Hébreux 12 :14)

Car Dieu était en Christ, réconciliant le monde avec lui-même, en n'imputant pas aux hommes leurs offenses, et il a mis en nous la parole de la réconciliation. (2 Corinthiens 5 :19)

S'il est possible, autant que cela dépend de vous, soyez en paix avec tout le monde. (Romains 12 :18)

Je vous laisse la paix, je vous donne ma paix. Je ne vous donne pas comme le monde donne. Que votre coeur ne se trouble point et ne s'alarme point. (Jean 14 :27)

Ne vous inquiétez de rien ; mais en toute chose, faites connaitre vos besoins à Dieu par des prières et des supplications, avec des actions de grâce. Et la paix de Dieu, qui surpasse toute intelligence, gardera vos coeurs et vos pensées en Jésus-Christ. (Philippiens 4 :6,7)

Ayant donc de telles promesses, bien-aimés, purifions-nous de toute souillure de la chair et de l'esprit, en achevant notre sanctification dans la crainte de Dieu. (2 Corinthiens 7 :1)

Comme l'homme cherchant Dieu a à parcourir les étapes de la marche avec le Seigneur, au commencement de chaque étape, il doit accomplir des conditions exclusives. Premièrement, il doit se repentir et mettre sa confiance en Christ, secondement, il doit faire alliance dans l'eau avec la Sainte Trinité pour entrer dans la Maison de l'Eternel, troisièmement, il doit mettre en pratique les instructions contenues dans l'Evangile de Paix.

Nous allons, de ce pas, traiter les instructions concernant la marche dans la paix et dans la sainteté. La paix est l'un des traits principaux du Royaume des Cieux. Dans une de ses prophéties sur Christ, Ésaïe le nomme « Admirable, Conseiller, Dieu puissant, Père éternel, Prince de la Paix. » (Ésaïe 9:5) La paix caractérise le royaume de Dieu, tandis que le trouble caractérise le royaume de Satan. Le royaume de Dieu est descendu sur la Terre en Christ comme ambassadeur.

Suite à la révolte du tiers des anges, le bon ordre de l'Univers a culbuté. Suite à la chute adamique, le désordre a pénétré la société humaine. Christ est venu sur la Terre pour y rétablir l'ordre et ka paix.

Le désordre entraîne la querelle et le péché, transgression du commandement divin. Le sang de Christ anéantit le péché dans la vie des croyants et les réconcilie avec Dieu. Aussi longtemps que le croyant vit sur cette terre, il peut être souillé de péchés. En conséquent, la sanctification s'impose. Dans les circonstances terrestres, où Satan est dieu, Il nous faut donc mener une vie de paix et de sanctification.

Afin de rétablir la paix entre les humains et leur Créateur, le Fils de Dieu accepta d'être sacrifié sur une croix. Comme le Père et le Fils sont un dans leur Esprit, au moment du sacrifice, le Père était dans le Fils, réconciliant le monde avec lui-même. Cela a apaisé le courroux du Créateur envers les hommes qui se fient en son Fils.

Il est naturel que ceux qui bénéficient de pardon pardonne à leur tours les offenses d'autrui. Aussi les chrétiens cherchent-ils la paix et courent après. A propos, l'apôtre enseigne : « que le soleil ne se couche pas sur votre colère, et ne donnez pas accès au diable. » (Ephésiens 426,27)

La colère est un état de trouble qui fait dire et accomplir de choses regrettables. Afin de les éviter, le Seigneur fournit sa paix a ses disciples. Cette paix préserve l'âme de trouble et d'alarme.

Autant qu'on est en chair, on s'inquiète et se trouble quand-même. Jésus nous donne la clé d'en échapper. La paix de Dieu gardera nos coeurs et nos pensées, si nous faisons connaitre nos besoins à Dieu par des prières et des supplications, avec des actions de grâce.

L'apôtre définit la sanctification comme la purification de notre esprit et chair de toute souillure. Après la repentance, la confession de foi et le baptême, le chrétien peut se souiller, par mégard, de différents péchés : il transgresse un ordre de Jésus, ou bien il omet de mettre en pratique une instruction du Seigneur. L'apôtre Jean instruit, dans sa première épître, chapitre 1, verset 9, que, dans ces cas, il nous faut confesser nos péchés à Christ. « Il est fidèle et juste pour nous les pardonner et de nous purifier de toute iniquité ».

Le chrétien peut se maintenir pur, sans aucune souillure, en portant journellement sa croix. A l'exception d'une seule étude, parue sur le You-tube, on ne trouve aucun enseignement véridique sur » le portement de croix christique ». Il est apparu sur la chaîne For Gad tv.

Ludus, le 2 juin 2023   Carol Szekely

5. La parabole des talents

Verset de base

Car on donnera à celui qui a, et il sera dans l'abondance, mais à celui qui n'a pas on ôtera même ce qu'il a. (Matthieu 25 :29)

Cette parabole se retrouve dans le chapitre 25 de l'Évangile selon Matthieu. Un homme partant en voyage appelle ses serviteurs et leur remet ses biens. Il donna cinq talents à l'un, deux à l'autre et un au troisième, afin qu'ils les fassent valoir.

Longtemps après, le maître de ses serviteurs revint et leur fit rendre compte. Celui qui avait reçu les cinq talents lui apporta cinq autres talents. Celui qui avait reçu deux talents lui apporta deux autres talents. Le maître les félicita, à tour de rôle, disant : » c'est bien, bon et fidèle serviteur ; tu as été fidèle en peu de chose, je te confierai beaucoup, entre dans la joie de ton maître. »

Celui qui n'avait reçu qu'un seul talent lui apporta ce talent-là. Son maître le prit en grippe : « Serviteur méchant et paresseux, il te fallait remettre mon argent aux banquiers, et à mon retour, j'aurais retiré ce qui est à moi avec intérêt. » Le maître ordonna qu'on ôte le talent au serviteur paresseux et qu'on le donne à celui qui avait gagné cinq talents. Il a enjoint aussi qu'on jette le serviteur inutile dans les ténèbres du dehors.

Faisant justice, le maître lance un principe du Royaume : Car on donnera à celui qui a, et il sera en abondance, mais à celui qui n'a pas on ôtera même ce qu'il a.

Il convient d'expliquer les éléments de ce récit symbolique. Le maître qui part en voyage et partage ses bien entre ses serviteurs, c'est Jésus Christ. Jésus est parti pour le Ciel pour une longue période. Son bien qu'il répartit entre ses disciples, c'est l'esprit de foi en son Nom. La foi est la seule monnaie qui ait cours sur la terre et dans les Cieux. On en peut obtenir n'importe quoi. (Marc9 :23)

Faire valoir son talent, c'est en user de jour en jour, mettre en pratique les principes de l'Évangile. Ceux qui avaient cinq talents vivaient selon les instructions de Christ. Celui qui n'en avait qu'un en faisait à sa tête. La foi des premiers augmentait, tandis que la foi du dernier diminuait.

Le Seigneur a pris plaisir à rencontrer les premiers et il fut rempli de courroux à la vue du dernier. Ā son retour, il donna une récompense aux laborieux et il punit le serviteur paresseux. On lui ôta son talent et l'on le jeta dans les ténèbres du dehors, où il y a des pleurs et du grincement de dents.

Il nous reste encore à expliquer le verset de base de ce récit. Qui a de la foi ? Celui qui en use. Qui n'en a pas ? Celui qui n'en use pas. La peur des hommes peut empêcher le chrétien de parler de Christ et de vivre selon les instructions de Christ.

« On donnera à celui qui a » veut dire que Dieu donnera plus de foi à celui qui met en application les instructions de l'Évangile. « Mais à celui qui n'en a pas on ôtera même ce qu'il a » veut dire que Dieu va faire disparaître la foi de celui qui n'en use pas.

Ludus, le 27 juin 2023   Charles Székely

6. La parabole du semeur

Texte de base

Un semeur sortit pour semer. Comme il semait, une partie de la semence tomba le long du chemin. Les oiseaux vinrent, et la mangèrent. Une autre partie tomba dans des endroits pierreux, où elle n'avait pas beaucoup de terre ; elle leva aussitôt, parce qu'elle ne trouva pas un sol profond ; mais quand le soleil parut, elle fut brûlée et sécha, faute de racines. Une autre partie tomba parmi les épines : les épines montèrent et l'étouffèrent. Une autre partie tomba dans la bonne terre : elle donna du fruit, un grain cent, un grain soixante, un autre trente. Que celui qui a des oreilles pour entendre entende. (Matthieu 13 :4-9)

Les paraboles constituent un moyen énigmatique pour présenter de différents aspects du Royaume des Cieux. Un jour les disciples posèrent cette question au Seigneur qui parlait à la foule : » Pourquoi leur parles-tu en paraboles ? » Jésus leur répondit : « Parce qu'il vous a été donné de connaître les mystères du Royaume des Cieux, et que cela ne leur a pas été donné. Car on donnera à celui qui a, et il sera dans l'abondance, mais à celui qui n'a pas, on ôtera même ce qu'il a. C'est pourquoi je leur parle en paraboles, parce qu'en voyant ils ne voient pas, et qu'en entendant ils n'entendent ni ne comprennent. » (Matthieu 13 :10-13)

Il en découle que le langage des paraboles n'est point compréhensible à tout le monde. Les élus le comprennent, mais ceux qui n'ont pas part à l'élection divine ne le comprennent pas. Le Seigneur a choisi ses disciples tant qu'il était en chair humaine. (Jean 6 :70) Mais les générations de disciples se succèdent sur la Terre depuis deux mille ans. (Jean17 :20,21) Le Seigneur dans sa gloire continue donc de les choisir selon le plan divin. Ceux qui croient en Christ et sont baptisés sur leur témoignage deviennent disciples. (Matthieu 28 :18-20).

Dans cette parabole, le semeur, c'est Jésus qui sème dans les coeurs humains la Parole de l'Evangile. Il y a quatre types de coeurs. Le long du chemin représente les coeurs endurcis, hostiles à la Parole. Le malin vient et enlève ce qui a été semé dans le coeur.

L'homme représenté par les endroits pierreux reçoit la Parole, mais, dès qu'il survient une persécution, il renonce à sa foi.

Celui qui a reçu la Parole parmi les épines y renonce, pressé par les séductions de ce siècle, dont la richesse. Les soucis, de même, étouffent la foi.

La bonne terre qui porte des fruits désigne celui qui entend la Parole et la comprend. Le fruit qu'il porte est en proportion de la compréhension de chacun.

Cette parabole explique l'insuccès de l'Evangile qu'on constate au milieu des hommes. On parle d'insuccès lorsque les soi-disant croyants ne reflètent point l'image de Christ.

Paul nous propose une méthode de tester la foi :» Examinez-vous vous-mêmes pour savoir si vous êtes dans la foi ; éprouvez-vous vous-mêmes. Ne reconnaissez-vous pas que Jésus-Christ est en vous ? à moins peut-être que vous ne soyez désapprouvés. (2Corinthiens 13 :5)

Ludus, le 22 juin 2023   Charles Székely

7. La patience comme vertu chrétienne

Versets de base

1.Aucune tentation ne vous est survenue qui n'ait été humaine, et Dieu, qui est fidèle, ne permettra pas que vous soyez tentés au-delà de vos forces, mais avec la tentation il préparera aussi le moyen d'en sortir, afin que vous puissiez la supporter. (1Corinthiens 10 :13)

2.Bien plus, nous nous glorifions même des afflictions, sachant que l'affliction produit la persévérance, la persévérance la victoire dans l'épreuve, et cette victoire l'espérance. Or, l'espérance ne trompe point, parce que l'amour de Dieu est répandu dans nos cœurs par le Saint Esprit qui nous a été donné. (Romains 5 :3-5)

3. À cause de cela même, faites tous vos efforts pour joindre à votre foi la vertu, à la vertu la connaissance, à la connaissance la maîtrise de soi, à la maîtrise de soi la patience, à la patience la piété, à la piété l'amitié fraternelle, à l'amitié fraternelle l'amour. (2Pierre 1 :5-7)

4.Car nos légères afflictions du moment présent produisent pour nous au-delà de toute mesure un poids éternel de gloire, parce que nous regardons, non point aux choses visibles, mais à celles qui sont invisibles ; car les choses visibles sont passagères et les choses invisibles éternelles.

Les tentations parues à la suite du péché originaire ont pénétré dans la vie de tous les hommes. Les esprits mauvais taquinent, égarent, exaspèrent, endommagent, tendent des embûches aux hommes pour les soumettre à leur volonté.

Mais Dieu ne laisse pas que les gens soient tentés au-dessus de leurs forces. Il a le soin que les tentations ne dépassent point les capacités humaines. Et en préparant les tentations, il met à la disposition de gens les moyens d'en sortir afin qu'elles soient supportables.

Concernant ces moyens-là, on se les approprie par la foi. En étudiant les Écritures, et en les mettant en pratique, le croyant subit des transformations qui lui apportent des avantages dans le combat spirituel avec les démons. Il en profite par la foi. Par exemple, à une menace du tentateur, il peut répliquer : » Je fais partie de la Maison de Dieu ». (Hébreux 3 :5,6)

En étudiant la Bible, le croyant prend possession d'une perspective céleste sur les choses avec lesquelles il se confronte. Les afflictions deviennent sous ce jour profitables. Les afflictions qu'on endure silencieusement pour plaire à Dieu produisent la persévérance qui est une victoire dans l'épreuve. Ces victoires remplissent l'âme d'espérance. Or, l'espérance est une manifestation du Saint Esprit dans l'âme humaine.

Dans sa Deuxième Épitre, Pierre fait distinction entre les appelés et les élus. Les élus se distinguent par une pléïade de huit vertus dont ils font preuve : foi, œuvre de la foi, connaissance, maîtrise de soi, patience, piété, amitié fraternelle, amour pour tous les hommes. L'apôtre mentionne encore : » Car si ces choses sont en vous, et y sont en abondance, elles ne vous laisseront point oisifs ni stériles pour la connaissance de notre Seigneur Jésus-Christ. » (2Pierre 1 :8)

En ayant accepté délibérément la souffrance pour obéir à son Père, Jésus de Nazareth s'est frayé un chemin vers la gloire céleste. (Luc 24 :25,26) L'épreuve qu'il a subie l'a amené à la perfection en matière d'obéissance. (Hébreux 5 :7-9)

La souffrance qu'on traverse au cours de l'épreuve vaut énormément au Ciel. L'apôtre Paul nous découvre que nos légères afflictions du moment présent produisent pour nous, au-delà de toute mesure, un poids éternel de gloire. (2Corinthiens 4 :17)

Dans sa Lettre adressée aux Romains, l'apôtre réfléchit ainsi :» J'estime que les souffrances du moment présent ne sauraient être comparées à la gloire à venir qui sera révélée pour vous. » (Romains 8 :18)

Ludus, le7 octobre 2024 . Charles Székely.

8. La priorité de la connaissance de Dieu

Verset de base :
La vie éternelle, c'est qu'ils te connaissent, Toi le seul vrai Dieu, et celui que Tu as envoyé, Jésus-Christ. (Jean 17 :3)

La Terre est la création du Dieu Tout-Puissant, mais elle n'est point le territoire de son règne, où tout se fait selon sa bonne volonté. Aussi prions-nous Dieu, dans Notre Père, « que son règne vienne ».
La parution de Satan, suite d'une révolte des anges, et la chute d'Adam a culbuté le Royaume terrestre. La Terre en supporte encore des influences maléfiques. Jésus-même, parlant à ses disciples, reconnaît à l'égard de Satan : Je ne parlerai plus guère avec vous, car le prince du monde vient. Il n'a rien en moi. (Jean 14 :30)
Le vrai prince du monde, c'est Jésus-Christ qui est venu pour racheter à prix de sang l'humanité entière de la vie vaine héritée de leurs pères. (1Pierre 1 :18,19) À cette occasion-là il a aussi découvert l'existence de faux dieux adorés par les peuples. Le vrai Dieu, c'est son Père de qui viennent toutes choses et pour qui nous sommes. (1Cor.8 :6)

Si la connaissance du vrai Dieu assure la vie éternelle aux hommes, la connaissance de faux dieux leur apporte la mort éternelle, leur fait hériter du lac de feu. (Matthieu 25 :41)

La seule voie qui conduise au vrai Dieu, c'est Jésus, qui dit : » Je suis le chemin, la vérité et la vie. Nul ne vient au Père que par moi. » (Jean 14 :6) L'apôtre Jean y ajoute: »Celui qui a le Fils a la vie, celui qui n'a pas le Fils de Dieu n'a pas la vie.»(1Jean 5 :12)

Dieu a projeté dès le début que ses appelés et ses élus connaissent son Fils, qui à son tour leur fait connaître le Père. (Matthieu 11 :27)

En dehors des enseignements contenus dans les évangiles, il avait d'autres que ses disciples d'alors ne pouvaient pas supporter. (Jean16 :12) Parmi ces enseignements, il se trouve : La Sainte Trinité, La toute-puissance de l'Éternel, La prédestination divine. Tous sont soutenable bibliquement.

Ludus, le 27 août ,2024. Charles Székely.

9. La trinité humaine sous le coup de la mort biologique

Versets de base

1.Que le Dieu de Paix vous sanctifie lui-même tout entier et que tout votre être, l'esprit, l'âme et le corps, soit conservé irréprochable lors de l'avènement de notre Seigneur Jésus Christ ! Celui qui vous a appelés est fidèle et c'est Lui qui le fera. (Thessaloniciens 5 :23- 24)

2.Et je regarde comme un devoir, aussi longtemps que je suis dans cette tente, de vous tenir en éveil par des avertissements, car, je sais que je la quitterai

 subitement, ainsi que notre Seigneur Jésus Christ me l'a fait connaître. (2Pierre 1 :13-14)

3 .Car Christ est ma vie et mourir m'est un gain. Mais s'il est utile pour mon œuvre que je vive dans la chair, je ne saurais dire ce que je dois préférer. Je suis pressé des deux côtés : j'ai le désir de de m'en aller et d'être avec Christ, ce qui de beaucoup est le meilleur, mais à cause de vous, il est plus nécessaire que je demeure dans la chair. (Philippiens 1 :21-24)

4.Nous savons, en effet, que si cette tente où nous habitons sur la terre est détruite, nous avons dans le ciel un édifice qui est l'ouvrage de Dieu, une demeure éternelle qui n'a pas été faite de main d'homme. Aussi gémissons-nous dans cette tente, désirant revêtir notre domicile céleste, si du moi, nous sommes trouvés vêtus, et non pas nus. Car tandis que nous sommes dans cette tente, nous gémissons accablés, parce que nous voulons, non pas nous dépouiller, mais nous revêtir, afin que ce qui est mortel soit englouti par la vie. Et celui qui nous a formés pour cela, c'est Dieu, qui nous a donné les arrhes de l'Esprit. Nous sommes donc toujours pleins de confiance et nous savons qu'en demeurant dans ce corps, nous demeurons loin du Seigneur—car nous marchons par la foi et non par la vue-- ; nous sommes pleins de confiance et aimons mieux quitter ce corps et demeurer avec le Seigneur. C'est pour cela aussi que nous nous efforçons de lui être agréables, soit que nous demeurions dans ce corps, soit que nous le quittions. Car il nous faut tous comparaître devant le tribunal de Christ, afin que chacun reçoit selon le bien ou le mal qu'il aura fait, étant dans son corps. (2Corinthiens 5 :1-10)

La tradition chrétienne distingue deux sphères qui composeraient l'homme : l'âme et le corps. Mais Paul en distingue trois : l'esprit, l'âme et le corps.

L'esprit est le souffle que Dieu souffla dans la statue de terre rouge qui allait devenir un être vivant : Adam. (Genèse 2 :7) Ses descendants héritent de cet esprit qui a le rôle de communiquer avec le Créateur. (Jean 4 :24) Quitte que le péché empêche cette communication. (Ephèse 2 :1,2) La naissance de nouveau est destinée à remédier à cette maladie. (Jean 3 :1-5)

L'esprit génère l'âme dans le corps afin de lui porter soin et le préserver de toutes sortes de maux. Nos rapports avec le monde environnant sont réglés par l'âme. Nos expériences y sont conservées.

Notre corps est la tente où habitent l'esprit et l'âme. Pierre peint sa propre mort comme le moment où son homme intérieur quitte sa tente, comme le Seigneur la lui a signalée.

L'apôtre Paul soutient cette vision sur la mort biologique dans son Épître adressée aux Philippiens. Il se voit partir du corps pour être avec Christ. Le monde matériel de ce corps est étranger au monde spirituel de Christ. Mais il préféra rester avec ses frères afin de contribuer à leur progrès spirituel.

Dans le passage tiré de la Seconde Lettre aux Corinthiens, l'apôtre décrit le procès de la réintégration de la trinité humaine. La mort biologique détruit le corps de chair, mais la résurrection procure un corps céleste. Ce corps céleste descend du ciel et engloutit le corps terrestre. C'est en cela que consiste la résurrection dont la première a lieu à l'enlèvement de l'Eglise. (1Thess.4 :2-18) C'est la résurrection des justes. La seconde résurrection a lieu le jour du jugement dernier (Apoc.20) C'est la résurrection des injustes.

Dieu donne un corps céleste à ceux qui entrent dans son Royaume : puissant, incorruptible, immortel. Quitte que ceux qui seront morts dans leurs péchés auront leur part dans le lac de feu et de soufre. Tandis que les justes se réjouiront dans les palais de leur Père.

Ludus, le7 mars 2024.   Charles Székely

11. L'Alpha et l'Omega, le Commencement et la Fin

Verset de base

Je suis l'Alpha et l'Omega, le commencement et la fin, dit le Seigneur Dieu, celui qui est, qui était et qui vient, le Tout-Puissant. (Apocalypse 1 :8)

C'est un titre de la Divinité qui a pris part à l'oeuvre de création. En sa qualité de Seigneur dans l'Univers, la Parole incarnée a pris part à la création, fait retrouvé dans l'Épitre aux Corinthiens : » Néanmoins, pour nous, il n'y a qu'un seul Dieu, le Père, de qui viennent toutes choses et pour qui nous sommes, et un seul Seigneur, Jésus-Christ, par qui sont toutes choses et par qui nous sommes. » (1Corinthiens 8 :6)

Le nom hébraïque de l'Éternel, c'est Yahweh, ce qui signifie « Je suis ». C'est par ce terme que Dieu s'est présenté à Moïse lors de sa mission égyptienne. « Dieu dit à Moise : Je suis celui qui est. Et il ajouta : C'est ainsi que tu répondras aux enfants d'Israël » (Exode 3 :14)

Celui qui a la vie est. Avant que l'Éternel n'ait lui soufflé un souffle de vie dans ses narines, Adam n'était qu'une statue de terre rouge, mais dès qu'il lui souffla un souffle de vie, Adam devint un être vivant. La vie d'Adam est donc dans le souffle que lui prêta l'Éternel. La vie de l'homme est en Dieu. Notre vie appartient à Dieu. C'est Lui qui existe dans toutes ses créatures. Il est l'existence.

Lorsque le corps de l'homme retourne dans la terre d'où il a été pris, son esprit retourne à Dieu qui l'a donné. (Ecclésiaste 12 :9) Ma vie est dans l'esprit que je détiens de Dieu. Le commencement, le déroulement et la fin de ma vie sont dans les mains de Dieu. C'est lui qui existe en nous.

D'ailleurs, tous les événements de la Terre et de l'Univers dépendent de Lui. Toutes les créatures ont en Lui la vie, le mouvement et l'être. (cf .Actes des Apôtres 17 :28)

Ludus ,21 août 2024 . Charles Székely

12. Le cas du grand sacrificateur Eli

Passage de base :1Samuel 2 ;12-34 .

Descendent d'Aaron, grand sacrificateur selon la Loi de Moïse, Éli a éprouvé une grande détresse à Silo où se trouvait le tabernacle de Dieu.

Ses deux fils, Hophni et Phinées, sacrificateurs à Silo, étaient spirituellement fils de Bélial, des hommes pervers . Ils se permettaient de se moquer des sacrifices offerts à l'Éternel.

Le serviteur du sacrificateur arrivait au moment où l'on faisait cuire la chair. Muni d'une fourchette à trois dents, il piquait dans la chaudière, dans la marmite ou dans le pot, et tout ce que la fourchette amenait, le sacrificateur le prenait pour lui.

Contrairement à la loi du sacrifice, les fils du grand sacrificateur se sont habitués à la consommation de la graisse. Ils ignoraient tout simplement l'interdiction suivante : » Car celui qui mangera de la graisse des animaux dont on offre à l'Eternel des sacrifices consumés par le feu, celui-là sera retranché de son peuple. (Lévitique 7 :25)

Le grand sacrificateur, Eli, ne manqua pas d'exercer son autorité de père sur ses fils afin de les ôter de la fosse où ils sont tombés Mais il les réprimanda trop doucement. « Il leur dit : Pourquoi faites-vous de telles choses ? Car j'apprends de tout le peuple vos mauvaises actions. Non, mes enfants, ce que j'entends dire n'est pas bon : vous faites pécher le peuple de l'Eternel. Si un homme pèche contre un autre homme, Dieu le jugera, mais s'il pèche contre l'Eternel, qui intercédera pour lui ? Et ils n'écoutèrent point la voix de leur père, car l'Eternel voulait les faire mourir. » (1Samuel 2 :23-25)

Toute réprimande valable contient aussi un enseignement. Celle-ci fait la différence entre un péché commis contre un homme et celui commis contre Dieu. Dieu punit l'homme qui pèche contre son semblable. Tout de même, un autre peut intercéder pour le coupable devant Dieu. Mais personne ne peut intercéder pour celui qui outrage Dieu en commettant à intention des choses qui irrite Dieu, en faisant des choses haïes par Lui. C'est le cas des deux fils d'Eli. Ceux-ci agissaient par mépris à l'adresse du Tout-Puissant. Par cette attitude ils s'attiraient le mépris de Dieu. L'ambition d'irriter Dieu est spécifique aux fils des Ténèbres.

La réprimande n'a pas atteint son but parce que l'Éternel empêcha Hophni et Phinées d'écouter la voix de leur père. Le mépris bu amena la vengeance de Dieu.

Avant de se vaincre, Dieu avertit ses ennemis. Aussi envoya-il un prophète dans la maison d'Eli. Celui-ci reprocha à Eli d'avoir plus aimé ses fils que Dieu.

Le Seigneur Jésus explique ce que c'est l'amour envers Lui en ces termes : » Celui qui a mes commandements et qui les garde, c'est celui qui m'aime, et celui qui m'aime sera aimé de mon Père, je l'aimerai, et je me ferai connaître à lui. » (Jean 14 :21) L'amour envers Dieu est égale à l'obéissance envers Dieu. Eli obéissait plus à ses enfants qu'il n'obéissait à Dieu.

Le prophète prononça une sentence sévère contre la maison d'Eli : » Voici le temps arrive où je retrancherai ton bras et le bras de la maison de ton père ,en sorte qu'il n'y aura plus de vieillard dans ta maison. ...Je te laisserai subsister auprès de mon autel, afin de consumer tes yeux et d'attrister ton âme, mais tous ceux de ta maison mourront dans la force de l'âge. C'est la punition d'un serviteur qui aime plus les membres de sa famille que Dieu.

Les deux fils du grand sacrificateur méprisaient publiquement le commandement de Dieu concernant le sacrifice de graisse, consumé par le feu. Dieu tourna ce mépris contre eux à perpétuité.

L'obéissance est douée à l'Eternel. Personne ne peut jeter l'opprobre à cette obéissance, en publique, sans s'attirer la colère divine.

Ludus ,le 29 avril 2024   Charles Székely

12. Le combat de l'homme spirituel de nature christique avec l'homme charnel de nature adamique

Verset de base

« Car la chair a des désirs contraires à ceux de l'Esprit, et l'Esprit en a des contraires à ceux de la chair ; ils sont opposés entre eux, afin que vous ne fassiez point ce que vous voudriez. » (Galates 5 :17)

Adam, notre aïeul, a été créé à l'image de Dieu et selon sa ressemblance, se composant, d'esprit, d'âme et de corps. (1 Thessaloniciens 5 :23) L'esprit est l'organe de la communion avec Dieu, source de la vie. L'âme réalise le contact avec le monde environnant, et le corps, comme logement de l'esprit et de l'âme, s'encadre dans le monde matériel. L'âme est aussi un liant entre l'esprit et le corps.

Watchmann Lee a comparé la trinité humaine avec un vase qui a un capitaine dans l'esprit, un timonier dans l'âme et une barque dans le corps. Le péché originaire a tout affecté, suite duquel l'homme a perdu sa gloire. Ce qui a le plus souffert, c'est l'esprit. Le long des siècles, les hommes n'ont plus appelé le nom de Dieu. Le capitaine du vase s'est rendu malade, chose remarquée par Paul en ces termes : » Vous étiez morts par vos offenses et par vos péchés, dans lesquels vous marchiez autrefois, selon le train de ce monde, selon le prince de la puissance de l'air, de l'esprit qui agit maintenant dans les fils de rébellion. » (Ephésiens 2 :1,2)

Le timonier et la barque du trinité humaine forment le vieil homme, totalement asservi aux esprits errants. La prolifération de l'athéisme dans toutes les couches sociales en est la preuve. La résurrection du capitaine est une nécessité prévue par Dieu. Ce processus s'appelle la renaissance de l'esprit qui s'achève dans l'eau du baptême chrétien. Le Saint Esprit y pénètre l'esprit moribond de l'homme et lui rend la vie. L'homme nouveau paru de la sorte se compose d'esprit, d'âme et de corps. Dieu en prend soin. La bénédiction adressée aux Thessaloniciens en parle long : » Que le Dieu de paix vous sanctifie lui-même tout entier et que tout votre être, l'esprit, l 'âme et le corps soit conservé irréprochable lors de l'avènement de notre Seigneur Jésus-Christ ! Celui qui vous a appelés est fidèle et c'est lui qui le fera. » (1 Thessaloniciens 5 :23,24)

Dieu s'engage donc à éliminer le vieil homme avec son amour du monde, sa confiance en soi, avec sa force et son intelligence, et à soutenir l'homme nouveau qui n'est qu'un nourrisson en Christ. (1Corinthies 3 :1,1Pierre 2 :1 ;2) Celui qui s'attache au Seigneur est avec lui un seul Esprit. (1Corinthiens 6 :17) L'homme nouveau est donc esprit, appelé à maîtriser l'âme et le corps.

Le chrétien qui se compose du vieil homme et de l'homme nouveau, c'est-à-dire, d'Adam et de Christ, doit dévêtir journellement du premier et s'habiller du second. (Ephésiens 4 :20-24)

Ce processus de dépouillement et de revêtement a comme fondement le portement de croix.

Quant à la croix, elle est un instrument de mort dont les clous font verser le sang qui est la vie du corps. Or, le sang est le logement des convoitises d'où il découle les actes de la chair, qualifiés de péchés. (Galates 5 :18-21) Le vieil homme guète l'occasion pour satisfaire les convoitises de la chair. La croix l'en empêche, appliquée au corps.

La clef du portement de croix se trouve dans Romains 6 :11. « Ainsi vous-même, regardez-vous comme morts au péché et comme vivants pour Dieu en Jésus-Christ. » Nous autres, chrétiens, nous sommes symboliquement morts avec Christ et en Christ dans l'eau du baptême. (Romains 6 :3 ;4) Par la foi, on peut activer cette mort toutes les fois qu'on est tenté ou mis en péril sur cette terre. On peut se dire souvent : Je suis mort en Christ pour ce péché ou pour cette menace.

Si l'on est, par exemple, tenté par l'adultère, on peut se dire : Je suis mort en Christ pour l'adultère. Un homme mort ne peut pas commettre l'adultère et le tentateur est forcé de partir honteux.

C'est de cette manière qu'on suffoque la convoitise de l'adultère et toutes les autres convoitises qui mènent à des péchés. En les suffoquant, on dévêt graduellement le vieil homme.

Lorsqu'on se considère comme mort en Christ pour un certain péché, on quitte le terrain de la loi du péché et de la mort, et l'on pénètre sur le terrain de l'Esprit de résurrection en Christ. (Romain 8 :1 ;2) Cette entrée dans le terrain de l'Esprit de vie en Christ est signalée par des pensées, des paroles et des actes spécifiques au Seigneur ressuscité. Ces signes prouvent que nous sommes en train de revêtir l'homme nouveau.

Ludus, le 17 novembre 2023   Charles Székely

13. Le pouvoir de Jésus de donner sa vie et de la reprendre

Versets de base

« Le Père m'aime, parce que je donne ma vie, afin de la reprendre. Personne ne me l'ôte, mais je la donne de moi-même ; j'ai le pouvoir de la donner et j'ai le pouvoir de la reprendre : tel est l'ordre que j'ai reçu de mon Père. » (Jean 10 :17 ;18)

Jetant un coup d'œil sur la description de la capture, du jugement et de l'exécution de Jésus de Nazareth, on constate que tout cela se doit à l'inimitié des prêtres juifs et de la foule menée par eux.

Les sacrificateurs intentent un procès contre Jésus et forcent Pilate, le gouverneur, à prononcer la sentence de mort. Le captif est battu, crucifié et injurié par surcroît. Après avoir rendu l'esprit, Jésus est enveloppé dans un linceul blanc et déposé dans un sépulcre neuf.

Le déroulement de ces événements donne l'impression que Jésus était en proie à la haine de ses ennemis. Mais il soutient de donner sa vie de son propre gré afin de la reprendre de nouveau. Il s'évertue même à dire : « Personne ne me l'ôte, mais je la donne de moi-même. » Cette affirmation de la part d'un homme qui est Dieu à la fois, mérite toute notre attention.

Lorsque les Juifs s'obstinaient de ne pas croire en Lui d'être le Fils de Dieu, Jésus argua de ses miracles, en disant : » croyez à ces œuvres, afin que vous sachiez et reconnaissiez que le Père est en moi et que je suis dans le Père. » (Jean 10 :38) Or, le Père est tout-puissant. Personne n'ôte la vie à Jésus, parce qu'il est tout-puissant.

La toute-puissance ne se limite seulement pas à la création des mondes et à leur anéantissement, Elle a aussi l'attribut de déterminer et de contrôler tout ce qui se meut et tout ce qui arrive dans les mondes. On peut même affirmer que toutes les choses arrivent selon les plans conçus en Dieu dès la création du monde.

Tous les détails du sacrifice et de la résurrection de Christ ont été prévus dans le projet divin. Il y figure aussi la trahison de Judas, le manque de caractère de Pilate, les coups de verge, la raillerie du peuple, les clous de la croix.

Judas a été prédestiné à vendre son maître à prix d'argent. Dans sa prière sacerdotale, Jésus le nomme

« fils de perdition » dont les Écritures font mention. (Jean 17 :12)

D'autres ont été prédestinés à cracher sur Lui, à lui donner des coups de fouet, à se railler de Lui et à enfoncer des clous dans ses mains et dans ses pieds.

Jésus ne s'opposait pas à eux, parce qu'il est descendu sur la Terre pour donner sa vie en rançon pour les esclaves du péché. Il aurait pu les frapper de maux : aveuglement, surdité, paralysie, folie. En y renonçant, il s'est laissé maltraiter et crucifier. En se laissant faire mourir, il déposa sa vie pour la reprendre dans trois jours.

Quat à sa résurrection, elle a de même sa source dans la toute-puissance divine. Lorsqu'il a rendu son esprit, il continuait à exister dans le Père. Le troisième jour, le Père ressuscita le Fils des morts. Cela est écrit dans le texte qui définit la foi salvatrice.

« Si tu confesses de ta bouche le Seigneur Jésus et si tu crois dans ton cœur que Dieu l'a ressuscité des morts, tu seras sauvé. Car c'est en croyant du cœur qu'on parvient à la justice et c'est en confessant de la bouche qu'on parvient au salut. » (Romains 10 :9,10)

Ludus,le27 décembre 2023. Charles Székely

14.Les disciples ne sont pas du monde, comme Jésus n'est pas du monde

Verset de base

Ils ne sont pas du monde, comme je ne suis pas du monde. (Jean 17 :16)

La comparaison que l'auteur fait entre le Christ et ses disciples est frappante. Cette similitude est de taille à faire méditer le lecteur.

« Au commencement était la Parole et la Parole était avec Dieu, et la Parole était Dieu. » La Parole a été faite chair par le concours de la vierge Marie. (Jean 1 :1-14)

Le Seigneur avoua aux siens que sa parole est esprit et vie. (Jean 6 :63) La vie elle-même est donc de nature spirituelle. Au commencement, le Seigneur était Esprit et vie, pareillement au Père. (Jean 4 :24)

Cela veut dire que les disciples sont de même des esprits avant de devenir chair. Cette énigme parait claire aux exégètes qui connaissent à fond la Parabole de l'ivraie. (Matthieu 13 :24-43)

Cette parabole a trait aux choses cachées depuis la création du monde. (Matthieu 13 :35) Elle se compose d'un récit et de quelques indications regardant la signification des éléments de ce récit.

Un agriculteur sème dans son champ du blé. Pendant la nuit, son ennemi vient et sème parmi le blé de l'ivraie. Les serviteurs voulaient sarcler l'ivraie pour la faire brûler. Mais le maître s'y oppose, en disant que ce sera la charge des moissonneurs.

Pour rendre clair ce récit, le Seigneur donne les indications suivantes : » Celui qui sème la bonne semence, c'est le Fils de l'homme. Le champ, c'est le monde, la bonne semence, ce sont les fils du Royaume, l'ivraie, ce sont les fils du Malin, l'ennemi qui l'a semée, c'est le Diable, la moisson, c'est la fin du monde, les moissonneurs, ce sont les anges. » (Matthieu 13 :37-39)

Tous les exégètes connus par moi se précipitent à placer le récit dans l'époque de la grâce, ouverte par la mort et la résurrection de Christ. Cela fait culbuter leurs explications. En vérité, la narration se rapporte à l'époque de la création.

Celui qui sème la bonne semence, c'est la Parole. Le monde aimé de Dieu, c'est l'humanité, qui à l'époque de la création était Adam. (Jean 3 :16) C'est dans son corps que Christ sema les semences de blé spirituel. Le Diable de même y sema l'ivraie. De ce blé et de cette ivraie, il résulta des hommes. Caïn appartenait spirituellement à Satan, tandis que son frère, Abel le juste, appartenait à Dieu. (1Jean 3 :12, Matthieu 23 :35)

Mais, comme tous mes hommes héritent du péché originaire, tous ont besoin d'un sauveur. Ceux qui sont nés de semences de blé reçoivent Jésus comme sauveur. Ceux qui sont nés d'ivraie le refusent. Dieu avait d'avance préparé   un étang de feu pour Satan et pour ses anges. (Matthieu 25 :41)

L'Évangile est annoncé à ceux qui ont été plantés par Christ dans le corps d'Adam. Les fils de l'ennemi ne peuvent même l'écouter. (Jean 8 :43-47)

Ludus, le premier janvier 2025. Charles Székely .

15. Les lamentations de l'apôtre Paul sur l'église des Galates

Commentaire sur les treize premiers versets du chapitre trois

Ce chapitre commence par une exclamation de dépit, provoquée des changements fâcheux qui eurent lieu dans l'assemblée de Galatie.

« O Galates dépourvus de sens! Qui vous a fascinés, vous aux yeux de qui Jésus-Christ a été peint comme crucifié? Voici seulement ce que je veux apprendre de vous : Est-ce par les oeuvres de la loi que vous avez reçu l'Esprit, ou par la prédication de la foi? Êtes-vous tellement dépourvus de sens? Après avoir commencé par l'Esprit, voulez-vous maintenant finir par la chair?"

Ces apostrophes signalent la chute de la foi de cette église de frères en Christ, ce qui était une déception pour l'apôtre. Il leur a dépeint Jésus comme crucifié. Son sacrifice parfait amène le salut dans la vie de ceux qui y croient. Mais les Galates acceptèrent dorénavant la circoncision fait par la main d'homme, promue par la Loi, tandis qu'ils avaient déjà la circoncision de Christ. (Colossiens 2 :11,12)

Par la foi en Christ, les Galates reçurent l'Esprit de la grâce afin d'en servir Dieu. En revenant sur le domaine de la Loi, ils tombèrent au niveau du service de la chair. Or, Dieu n'agrée point le service accompli par la chair.

Après cette première reproche, Paul continue en ces termes : » Avez-vous tant souffert en vain? Si toutefois c'est en vain. Celui qui vous accorde l'Esprit, et qui opère des miracles parmi vous, le fait-il donc par les oeuvres de la Loi ou par la prédication de la foi ? »

Le retour à la Loi fit disparaître les miracles au sein de l'rassemblée. Là où l'on prêche la Loi, les miracles disparaissent. Là où l'on prêche la foi, les miracles font leur apparition. Le témoignage chrétien dépend donc de la prédication de l'Evangile sans y mêler la Loi.

Spirituellement, les chrétiens sont fils d'Abraham. Leur foi en la résurrection de Christ leur est imputée à justice. La promesse faite à Abraham, « toutes les nations seront bénies en toi » s'appuie sur le projet divin de répandre l'esprit du patriarche parmi les nations. « Ainsi ceux qui croient sont bénis avec Abraham le croyant. »

Après cela Paul esquisse le contraste qui existe entre la foi et la loi. Car tous ceux qui s'attachent aux oeuvres de la loi sont sous la malédiction ; car il est écrit : » Maudit est quiconque n'observe pas tout ce qui est écrit dans le livre de la Loi, et ne le met pas en pratique. Et que nul ne se justifie pas devant Dieu par la loi, cela est évident, puisqu'il est dit : Le juste vivra par la foi. Or la Loi ne procède pas par la foi, mais elle dit : Celui qui mettra ces choses en pratique vivra par elles. »

La Loi est un système conçu à l'usage de l'homme charnel, mort dans ses péchés. Elle maudit ceux qui négligent de mettre en pratique les commandements du livre de la Loi. Selon Jésus le Seigneur nul n'observe la Loi. (Jean 7 :19) Par conséquent, tous sont maudits.

L'apôtre n'oublie pas de reproduire un principe du Royaume : Le juste vivra par la foi. On en déduit que nul ne peut se justifier devant Dieu par les oeuvres. Quant à la Loi, elle promet la prospérité, la santé et la force à ceux qui la respectent. Caleb a profité des bénéfices de la Loi. À l'âge de 85 ans il était vigoureux comme à quarante ans. (Josué 14 :10,11) Il faut toutefois préciser que la justice procurée par la Loi ne donne pas droit d'entrée dans la Salle du Trône. On y entre au nom de Jésus par l'Esprit de la Grâce. (Ephésiens 2 :18)

La conclusion de ce passage a été rédigée ainsi : » Christ nous a racheté de la malédiction de la Loi, étant devenu malédiction pour nous -car il est écrit : Maudit est quiconque est pendu au bois -afin que la bénédiction d'Abraham ait pour les païens son accomplissement en Jésus-Christ et que nous recevions par la foi l'Esprit qui avait été promis. »

L'obtention de l'Esprit Saint dépend donc de l'accueil fait à Jésus qui nous délivre de la malédiction de la Loi. Le retour à la Loi cause dans le Ciel une déception pareille à celle qui frappa Paul en Galatie.

Ludus, le 15 septembre 2023   Charles Székely

16. Les plus malheureux de tous les hommes

Verset de base

Si dans cette vie seulement que nous espérons en Christ, nous sommes les plus malheureux de tous les hommes. (1Corinthiens 15 :19)

Ce titre se rapporte aux gens qui n'ont point part aux joies spécifiques de ce monde et n'ont toujours pas entrée à la Jérusalem céleste préparée aux saints.

Vu leurs rapports au Seigneur Jésus, les hommes se divisent en trois groupes :1. les fidèles qui croient au sacrifice et à la résurrection du Seigneur, 2. ceux qui n'y croient point, mais en font semblant, 3. ceux qui haïssent le Seigneur ouvertement et lui jettent l'opprobre.

Les hypocrites qui se sont faufilés dans l'assemblée sont désignés comme les plus malheureux des hommes de la Terre. Ils font partie du groupe qui ne croie guère à la résurrection.

Le chapitre quinze de la Première Épitre adressée aux Corinthiens est consacrée à la résurrection. Les contemporains de Paul s'opposaient à cette idée.

Paul illustrait son sujet par la résurrection de Christ. Voilà une partie de sa défense : » Christ est mort pour nos péchés selon les Écritures, Il a été enseveli et il est ressuscité le troisième jour, selon les Écritures. Et il est apparu à Céphas, puis aux douze. Ensuite il est apparu à plus de cinq cents frères à la fois. ...Ensuite il est apparu à Jacques, puis à tous les apôtres. Après eux tous, il m'est apparu à moi. » (1Corinthiens 15 :5-8)

Jésus est apparu à Paul à Damas pour lui couper son élan de persécuteur de l'Église. (Actes des Apôtres 9 :1-9) À cette occasion-là, Paul renonça à sa propre volonté pour accomplir la volonté de Christ. La conversion du persécuteur Saul a eu un grand écho dans le monde.

Les Écritures mentionnent plusieurs fois l'origine divine de Jésus de Nazareth, mais ses ennemis n'y accordent point attention. (Luc 1:35, Ésaïe 9 :6) À ceux qui lisent avec attention ces mentions, il leur est plus facile de croire à la résurrection du Seigneur.

Ceux qui n'y croient point et sont toujours baptisés ne s'attendent point à des miracles comme réponses à leurs prières. Ils n'espèrent point à avoirs des maisons dans la Nouvelles Jérusalem. (Jean 14 :1-3)

Ludus ,le 20 octobre 2024. Charles Székely.

17. Les soins de Christ envers les semences de blé

Versets de base

Celui qui sème la bonne semence, c'est le Fils de l'homme, le champ, c'est le monde ; la bonne semence, ce sont les fils du Royaume ; l'ivraie, ce sont les fils du Malin ; l'ennemi qui l'a semée, c'est le Diable ; la moisson, c'est la fin du monde ; les moissonneurs, ce sont les anges. (Matthieu 1 :37-39)

Le Seigneur nous a découvert : » c'est l'Esprit qui vivifie ; la chair ne sert à rien. Les paroles que je vous ai dites sont esprit et vie. » (Jean 6 :63) On y comprend que le fondement de la vie, c'est l'esprit. Le mouvement de l'esprit, qui quitte le corps ou bien y revient, explique le phénomène de la mort biologique ou bien celui de la résurrection.

En conversant avec la femme samaritaine, le Seigneur lui fit une découverte importante : » Dieu est Esprit et il faut que ceux qui l'adorent, l'adorent en esprit et en vérité. » (Jean 4 :24

Dans le texte de base il s'agit de semences de blé et de semences d'ivraie, porteuses de vie. Les explications de ce texte aident les exégètes à pénétrer les significations de la Parabole de l'ivraie.

Cette parabole comprend une histoire et des indications qui servent à identifier les personnages de la narration.

Un agriculteur a semé de la bonne semence dans son champ. Pendant la nuit, son ennemi vint et sema de l'ivraie parmi le blé. Après la germination, les serviteurs du maître ont proposé de sarcler l'ivraie. Le maître s'y opposait parce que le sarclage et l'incendie de l'ivraie appartenaient aux moissonneurs.

Celui qui sème le blé, c'est le Fils de l'homme. Comme il s'y agit de l'époque de la création, conformément au verset 35, le Fils de l'homme s'identifie à la Parole créatrice. (Jean 1 :1-14) Le blé, ce sont les fils du Royaume.

Il le sème dans le monde. Par le terme de monde, on entend l'humanité. (Jean 3 :16) Or, lors de la création, l'humanité ce fut Adam. La Parole sema du blé dans le corps d'Adam.

Pendant la nuit, Satan y sema de l'ivraie. Le lendemain toute sa postérité était dans le corps d'Adam sous forme de semences.

Il en résulte des hommes en chair. Caïn était du Malin, Abel le juste appartenait au Tout-Puissant. (1Jean3 :12, Matthieu 23 :35) Le fils du Diable a mis à mort le fils de Dieu.

Les fils du Diable, vêtus de chair humaine, pullulent dans notre monde. Ils haïssent l'Éternel, la Jérusalem céleste, les croyants, les Écritures et la vie paisible. Ils aiment par contre le mensonge, la fraude et le versement de sang.

Le Seigneur a décelé dans la personne de Judas un diable. (Jean 6 :69,70) Tous les meurtres pèsent sur les fils de Satan.

Dieu tolère les vases de colère, car il leur a d'avance préparé le lac de feu comme héritage. (Matthieu 25 ;46, Romains 9 :21-23)

En revanche, le Tout-Puissant porte soin aux hommes nés de semences de blé, surnommés vases de miséricorde. Il en a écrit les noms dans le livre de l'Agneau, dès la fondation du monde. (Apocalypse 13 :8)

De plus, Christ a chargé des esprits pour être les anges de garde de ses protégés. (Hébreux 1 :14)

L'apôtre Paul fait sentir le parti pris de Dieu pour ses élus dans l'énoncé suivant : » Si Dieu est pour nous, qui sera contre nous ? » (Romains 8 :31)

Ludus, le 27 décembre 2024. Charles Székely.

18. L'homme bon et l'homme méchant dans les Psaumes et dans les Proverbes

Versets de base

1.L'Éternel regarde du haut des cieux, il vit tous les fils de l'homme. Du haut de sa demeure il observe tous les habitants de la terre. Lui qui forme leur coeur à tous, qui est attentif à toutes leurs actions. (Psaume 33 :13-15)

2.Heureux celui qui s'intéresse au pauvre. Au jour du malheur l'Éternel le délivre. L'Éternel le garde et lui conserve la vie. Il est heureux sur la terre, et tu ne le livres pas au bon plaisir de ses ennemis. (Ps.41 :1,2)

3.Heureux est celui à qui la transgression est remise, à qui le péché est pardonné. Heureux l'homme à qui l'Éternel n'impute pas l'iniquité, et dans l'esprit duquel il n'y a point de fraude. (Ps.32 :1,2)

4.Les justes croissent comme le palmier, ils s'élèvent comme le cèdre du Liban. Plantés dans la maison de l'Éternel, ils prospèrent dans les parvis de notre Dieu. Ils portent encore des fruits dans la vieillesse, ils sont pleins de sève et verdoyants. Pour faire connaître que l'Éternel est juste. Il est mon rocher ; et il n'y a point en Lui d'iniquité. (Ps.92 :12-16)

5.Je ne mettrai rien de mauvais devant mes yeux. Je hais la conduite des pécheurs. Elle ne s'attachera point à moi. Le coeur pervers s'éloignera de moi, je ne veux pas connaître le méchant. (Ps.101 :3,4)

6.Heureux l'homme qui exerce la miséricorde et qui prête, qui règle ses actions d'après la justice. Il ne craint pas les mauvaises nouvelles, son coeur est ferme, confiant en l'Éternel. (Ps.112 :5,7)

7.La ville s'élève par la bénédiction des hommes droits, mais elle est renversée par la bouche des méchants. (Proverbes 11 :11)

8.Celui qui retient ses paroles connaît la science, et celui qui a l'esprit calme est un homme intelligent. (Pr.17 :27)

9.C'est une gloire pour l'homme de s'abstenir des querelles, mais tout insensé se livre à l'emportement. (Pr. 20 :3)

10.Mon fils, donne-moi ton coeur, et que tes yeux se plaisent dans mes voies. (Pr. 23:26)

11.Ne médite pas le mal contre ton prochain, lorsqu'il demeure tranquillement près de toi. Ne conteste pas sans motif avec quelqu'un, lorsqu'il ne t'a point fait de mal. (Pr.3 :29,30)

12.Car ils ne dormiraient pas s'ils n'avaient fait le mal, le sommeil leur serait ravi, s'ils n'avaient fait tomber personne. Car c'est le pain de la méchanceté qu'ils mangent, c'est le vin de la violence qu'ils boivent. (Pr. 4 :16,17)

13.Commettre le crime paraît un jeu à l'insensé, mais la sagesse appartient à l'homme intelligent. (Pr.10 :23)

14.Ce que redoute le méchant, c'est ce qui lui arrive, et ce que désirent les justes leur est accordé. (Pr.10 :24)

15.L'Éternel a fait tout pour un but, même le méchant pour le jour du malheur. (Pr.16 :4)

16.De celui qui rend le mal pour le bien, le mal ne quittera point la maison. (Pr.17 :13)

17.Ne parle pas aux oreilles de l'insensé, car il méprise la sagesse de tes discours. (Pr.23 :9)

18. Quand tu pilerais l'insensé dans un mortier, au milieu des grains avec le pilon, sa folie, ne se séparerait pas de lui. (Pr.27 :22)

19.Les hommes livrés au mal ne comprennent pas ce qui est juste, mais ceux qui cherchent l'Éternel comprennent tout. (Pr.28 :5)

20.Un homme qui mérite d'être repris, et qui raidit le cou, sera brisé subitement et sans remède. (Pr.29 :1)

L'Éternel forme le coeur de l'homme et il est attentif à ses actions. Cela veut dire qu'il s'attends à certaines actions en fonction du type de coeur que chacun possède.

Le coeur miséricordieux plaît à Dieu. L'homme qui a pitié du pauvre est sous la protection divine. Au jour du malheur l'Éternel lui conserve la vie.

Le coeur est la demeure de l'esprit. (Jean 6 :63) Dieu n'impute pas l'iniquité à celui dans l'esprit duquel il n'y a pas de fraude.

Selon le roi David, il y a des nouveau-nés justes devant Dieu. Cette énigme cachée depuis la création du monde est dévoilée dans la Parabole de l'ivraie. (Matthieu 13 :24-43) Par exemple, Abel fut un juste, fils du Royaume céleste. (Matthieu 23 :34,35) Tandis que Caïn appartint au Malin. (1Jean 3 :12)

David énonce que les justes, semblables à des palmiers, croissent dans la maison de l'Éternel. Pleins de sève et verdoyants, ils portent encore des fruits dans la vieillesse. Cela prouve que Dieu est juste et il n'y a point en lui d'iniquité.

Les différents modèles de comportement corrompu se retrouvent dans les lieux publics. Le sage en détourne les yeux afin que la perversité ne s'attache point à lui.

L'homme qui se conforme aux principes célestes de la miséricorde et de la justice a le coeur ferme et ne craint pas les mauvaises nouvelles.

La prospérité ou bien la ruine d'une ville dépendent tantôt des bénédictions des hommes droits qui conduisent, tantôt des machineries des méchants qui gouvernent.

Retenir ses paroles dénote de la science, à son tour, la maîtrise de la parole renvoie à un esprit calme. L 'homme bon se maîtrise en conséquence de son esprit calme.

S'abstenir des querelles est une gloire à l'homme. Mais les insensés se livrent à l'emportement.

Pour pouvoir se délecter dans le service de Dieu, il faut l'approcher affectivement. Il est notre Père et nous, nous sommes ses fils et ses filles.

Méditer le mal contre son prochain et contester avec lui sans aucun motif sont des actions propres aux méchants. Ce sont des signes auxquels on peut les distinguer.

Ils aiment à commettre le mal et à faire tomber leur prochain, parce qu'ils mangent le pain de la méchanceté et ils boivent le vin de la violence.

L'insensé ne se rend pas compte du poids de ses actes. Pour lui le crime, c'est un jeu.

En revanche, Dieu lui fait parvenir ce qu'il redoute. Tandis que le juste reçoit ce qu'il désire.

Salomon dévoile le but pour lequel le méchant a été créé. Dieu l'a fait pour le jour du jugement.

L'injuste est en état de rendre le mal pour le bien. C'est pourquoi, le mal ne quittera point sa maison.

L'insensé ne goûte point à la parole de la sagesse. Par conséquent, c'est en vain qu'on lui parle de Dieu et du Royaume céleste.

L'éducation de l'insensé est voué à l'échec. Si l'on le mettait dans un pilon parmi les grains, on ne pourrait pas le séparer de sa folie.

Ceux qui se plaisent à commettre le mal ne comprennent pas ce qui est juste. Mais ceux qui cherchent Dieu comprennent tout.

Les Écritures promeuvent la repentance et la foi pour ôter quelques hommes au Royaume des Ténèbres. Mais ceux qui raidissent le cou seront subitement brisés et sans remède.

L'apôtre Paul prêche que tous les hommes manquent de la gloire de Dieu, «il n'y a point de juste, pas même un seul, nul n'est intelligent, nul ne cherche Dieu, tous sont égarés, tous sont pervertis » (Romains 3 :10,11) Il désirait motiver tout le monde, sans exception, à se repentir et à mettre leur foi en Christ pour être sauvés.

Au parcours de cette petite étude, le lecteur intelligent se rend compte qu'il y a des justes dont la justice est due à la crainte de Dieu et à leur naissance d'une semence spirituelle de blé. L'Évangile de Christ s'adresse à eux. Ceux qui ne craignent point Dieu, étant nés de semences spirituelles d'ivraie, ne peuvent accueillir Christ, ni comprendre l'Évangile, parce qu'ils sont les fils du Malin.

Il ne faut donc pas forcer certains gens à recevoir Christ et à se fier à sa Parole, parce qu'ils sont dans l'impossibilité de le faire. Heureux ceux qui ont la grâce de le faire!

Il est à retenir que la justice reçue par la foi en Christ est supérieure à la justice que donne la Loi. (Philippiens 3 :8,9 ; Ephésiens 2 :18)

Ludus, le 7 août 2023   Charles Székely

19. L'humiliation étrange du roi Nebucadnetsar

Versets de base

1.Il cria avec force et parla ainsi : Abattez l'arbre et coupez ses branches, secouez le feuillage et dispersez les fruits, que les bêtes fuient de dessous et les oiseux du milieu de ses branches. Mais laissez en terre le tronc où se trouvent les racines et liez-les avec des chaînes de fer et d'airain, parmi l'herbe des champs. Qu'il soit trempé de la rosée du ciel, et qu'il ait comme les bêtes l'herbe de la terre pour partage. Son cœur d'homme lui sera ôté, et un cœur de bête lui sera donné. Et sept temps passeront sur lui. (Daniel 4 :14-16)

2.C'est pourquoi, ô roi, puisse mon conseil te plaire. Mets un terme à tes péchés en pratiquant la justice, et à tes iniquités en usant de compassion envers les malheureux, et ton bonheur pourra se prolonger.

3.Toutes ces choses se sont accomplies sur le roi Nebucadnetsar. Au bout de douze mois, comme il se promenait dans le palais à Babylone, le roi prit la parole et dit : N'est-ce pas ici Babylone la grande, que j'ai bâtie comme résidence royale, par la puissance de ma force et pour la gloire de ma magnificence ? La parole était encore dans la bouche du roi, qu'une voix descendit du ciel : Apprends, roi Nebucadnetsar, qu'il va t'enlever le royaume. On te chassera du milieu des hommes ; tu auras ta demeure avec les bêtes des champs, on te donnera comme aux bœufs de l'herbe à manger, et sept ans passeront sur toi jusqu'à ce que tu saches que le Très-Haut domine sur le règne des hommes et qu'il le donne à qui il lui plaît (Daniel 4 :28-32)

4.En ce temps, la raison me revint, la gloire de mon royaume, ma magnificence et ma splendeur me furent rendues, mes conseillers et mes grands me redemandèrent. Je fus rétabli dans mon royaume et ma puissance ne fit que s'accroître. Maintenant, moi, Nebucadnetsar, je loue, j'exalte er je glorifie le roi des cieux, dont toutes les œuvres sont vraies et les voies justes, et qui peut abaisser ceux qui marchent avec orgueil. (Daniel 4 :36-37)

La punition du roi de Babylone illustre la toute-puissance de Dieu qui changea l'esprit humain du roi en un esprit de bête. Cette mesure extrême eut le rôle d'humilier un homme rempli d'orgueil. Il s'attribuait tous ses succès et n'en glorifiait Dieu qui lui donna la vie et les conditions favorables.

Le roi eut un rêve sur un arbre dont les cimes atteignaient le ciel. Cet arbre était une source de vie pour les bêtes des champs et pour les oiseaux du ciel. Toujours est-il que des surveillants descendirent du ciel et ordonnèrent que l'arbre soit coupé et le tronc soit lié de chaînes de fer et d'airain.

Le prophète explique au roi que cet arbre, c'est le roi même et que la sentence des saints s'accomplira sur lui. Daniel se permet aussi de conseiller Nabucadnetsar : Il lui conseille de cesser de pécher et de venir en aide aux malheureux.

Au bout de douze moi, le roi, se promenant sur le toit de son palais, se mit à se louer d'avoir bâti la ville de Babylone comme résidence royale. Ce qui éveilla le courroux de Dieu, lésé de cet orgueil. Une voix venant du ciel déclara la fin du règne de Nebucadnetsar.

Dieu ôta l'esprit d'homme au cœur du roi et le remplaça d'un esprit de bête. En jugeant des changements survenus dans la vie du roi, cet esprit nouveau du roi était un mélange entre l'esprit de bœuf et l'esprit d'aigle.

Il mangeait de l'herbe comme les bœufs et ses cheveux croissaient comme les plumes de l'aigle. Ses nouveaux comportements irritaient ses conseillers et ses grands qui décidèrent de l'envoyer aux champs où la rosée du ciel pouvait le laver de toute souillure.

Après sept ans de cet état de bête, le roi recouvra sa raison. Il était conscient de l'avoir perdu et se pressait de remercier Dieu de sa miséricorde.

La conclusion qu'il tire de son histoire est actuelle de nos jours même. Dieu peut abaisser ceux qui marchent en orgueil.

Ludus, le11 avril 2024   Charles Székely

20. L'origine du Malin

Versets de base

1.Au commencement était la Parole, et la Parole était avec Dieu, et la Parole était Dieu. Elle était au commencement avec Dieu. Toutes choses ont été faites par elle. Et rien de ce qui a été fait n'a pas été fait sans elle. En elle était la vie, et la vie était la lumière des hommes. (Jean 1 :1-4)

2.Le Fils est l'image du Dieu invisible, le premier-né de toute la création. Car en lui ont été créées toutes les choses qui sont dans les cieux et sur la terre, les visibles et les invisibles, trônes, dignités, dominations, autorités. Tout a été créé par lui et pour lui. Il est avant toutes choses et toutes choses subsistent en lui. (Colossiens 1 :15-17)

3.Des méchants vient la méchanceté, dit l'ancien proverbe. Aussi je ne porterai point la main sur toi. (1Samuel 24 :14)

4.Te voilà tombé du ciel, astre brillant, fils de l'aurore. Tu es abattu à terre, le vainqueur des nations. (Esaïe14 :12)

5. Ainsi parle le Seigneur l'Eternel : Tu mettais le sceau à la perfection, tu étais plein de sagesse, parfait en beauté. Tu étais un chérubin protecteur, aux ailes déployées. Je t'avais placé et tu étais sur la sainte montagne de Dieu. Tu marchais au milieu des pierres étincelantes. Tu as été intègre dans tes voies, depuis le jour où tu fus créé jusqu'à celui où l'iniquité a été trouvé chez toi. (Ezéchiel 28 :12-15)

6.Les justes croissent comme le palmier, ils s'élèvent comme le cèdre de Liban. ...Ils portent encore des fruits dans la vieillesse, ils sont pleins de sèves et verdoyants. Pour faire connaître que l'Eternel est juste. Il est mon rocher, et il n'y a point en lui d'iniquité. (Psaume 92 :13-15)

L'existence de Satan est aussi sûre que celle de Dieu, son créateur. C'est pourquoi ceux qui nient l'existence de Satan nient implicitement l'existence de Dieu.

Toutes choses ont été faites par la Parole de Dieu, qui était au commencement avec Dieu. En sortant par la bouche de Dieu comme premier-né, la Parole reçut une identité propre :la lumière de la vie, de même que le souffle de vie qui sortait avec elle.

C'est par la Parole accompagnée de souffle, c'est-à-dire, d'Esprit, qu'ont été créées toutes les choses du monde visibles et celles du monde invisible. Tout a été créé pour lui et toutes choses subsistent en lui.

Si toutes choses ont été créées par la Parole, alors les esprits qui logent dans les cieux ont été eux aussi créés par la Parole créatrice. Ceux-ci ont été créés purs et saints, mais ils étaient subis à un processus de corruption, au fur et à la mesure qu'ils s'éloignaient de Dieu.

Dieu seul est saint et ceux qui s'en éloignent deviennent impurs. C'était bien le cas du chérubin protecteur nommé Lucifer, prince angélique de Tyr, qui emporta dans sa révolte la tierce partie des anges de Dieu. (Apocalypse 12 :3) D'ailleurs chaque pays a son dominateur angélique, chose signalée par l'ange Gabriel apportant un message au prophète Daniel. (Daniel 10 :11-13)

Devenus de plus en plus méchant par un processus d'éloignement envers Dieu, les anges corrompus ne cessent de propager l'injustice parmi les hommes. Ils inspirent et conduisent tous ceux qui commettent le mal. Précipités dans les cieux inférieurs, ils attendent le jugement dernier par lequel ils seront jetés dans l'étang de feu et de soufre. (Matthieu 25 :44)

Comme chérubin protecteur, Lucifer était une créature parfaite : étincelant, plein de sagesse et de puissance. Ce qui a causé sa chute, c'était l'orgueil accompagnée de violence. Ezéchiel en fait mention : »Par la grandeur de ta commerce tu as été rempli de violence, et tu as péché. ...Ton cœur s'est élevé à cause de ta beauté. Tu as corrompu ta sagesse par ton éclat » (Ezéchiel 28 :16,17)

La liberté que Dieu donna à Lucifer aboutit à la violence et à l'orgueil lesquels débouchèrent sur l'étang de feu. Avis aux amateurs de liberté.

L'Eternel changea de forme les anges révoltés. Ils paraissent aux hommes comme des animaux rapaces. Par exemples, Lucifer parut à Ève comme un serpent.

Il est à mentionner que Dieu est exempt de toute iniquité. C'est la clé de son éternité.

Ludus, le 3 février 2024   Charles Székely

21. Marcher par la foi et non par la vue

Versets de base

1.Or, la foi est une ferme assurance des choses qu'on espère, une démonstration de celles qu'on ne voit pas. (Hébreux 11 :1)

2.Car c'est par la grâce que vous êtes sauvés, par le moyen de la foi. Et cela ne vient pas de vous, c'est le don de Dieu. (Ephésiens 2 :8)

3.Ainsi la foi vient de ce qu'on entend ; et ce qu'on entend vient de la parole de Christ. (Romains 10 :17)

4.Et comme nous avons le même esprit de foi qui est exprimé dans cette parole de l'Ecriture : « J'ai cru, c'est pourquoi j'ai parlé », nous aussi nous croyons, et c'est pourquoi que nous parlons. (2Corinthiens 4 :13)

5.Si tu confesses de ta bouche le Seigneur Jésus et si tu crois dans ton cœur que Dieu l'a ressuscité des morts, tu seras sauvé. Car c'est en croyant du cœur qu'on parvient à la justice et c'est en confessant de la bouche qu'on parvient au salut. (Romains 10 :9,10)

6. Nous sommes toujours pleins de confiance et nous savons qu'en demeurant dans ce corps, nous

demeurons loin du Seigneur—car nous marchons par la foi et non par la vue—nous sommes pleins de confiance et aimons mieux quitter ce corps et demeurer auprès du Seigneur. (2Corinthiens 5 :6-8)

La foi est la monnaie qui a cours dans le Royaume de Dieu. À propos, Jésus dit à un père éploré :» Tout est possible à celui qui croit. » (Marc 9 :23)

La seule définition de la foi se trouve en Hébreux, chapitre 11, verset 1 : » La foi est la ferme assurance des choses qu'on espère, une démonstration des choses qu'on ne voit pas. »

L'espérance des gens de ce monde se dirige vers les choses d'ici-bas qui périssent, tandis que l'espérance des croyants s'attache aux choses impérissables décrites dans la Bible.

Le croyant espère aux choses dont il lit dans la Bible, invisibles aux yeux charnels, et il y croit à la fois. L'objectif de la foi suscite l'espérance sans être vu.

La Bible parle de la vie éternelle, de la justice divine, de la paix qui domine dans le Royaume de Dieu, de l'amour divine, de la destruction de la mort et d'une harmonie universelle.

Les personnes invisibles auxquelles s'attache le chrétien sont : le Père, créateur du monde, le Fils, Sauveur des pécheurs, le Saint Esprit, source de vie et de sainteté. En invoquant le Dieu Trinitaire, le croyant reçoit des réponses de lui, en démontrant son existence.

Paul révèle aux Éphésiens que la foi est porteuse de grâce : » C'est par la grâce que vous êtes sauvés, par le moyen de la foi. » Or cette foi, c'est le don de Dieu. C'est-à-dire qu'il la donne à qui il veut, à ses élus.

La source de la foi, c'est l'Évangile. Mais tous ceux qui écoutent l'Évangile ne s'en emparent pas, mais seulement ceux qui craignent Dieu. (Actes 16 :14)

La foi naît dans le cœur, non pas de ce qu'on voit, mais de ce qu'on entend, ce qu'on entend à l'écoute de l'Évangile. La crainte de Dieu aide à pénétrer les pensées qui gouvernent la Bible. Les élus pensent tout autrement que les ennemis de Dieu. » La prédication de la croix est une folie pour ceux qui périssent, mais pour ceux qui sont sauvés elle est une puissance de Dieu. » (1Corinthiens (1 :18)

L'esprit de foi qui pénètre dans le cœur se révèle par le témoignage rendu à Jésus Christ. C'est le signe de la foi salvatrice, vivante.

Le témoignage qui apporte le salut à trait à la résurrection de Jésus de Nazareth, rendu dans l'eau du baptême devant les anges invisibles et les hommes visibles. (Marc 16 :16) Le fait que le catéchumène rend témoignage à Christ devant un public teste sa foi. Le catéchumène devient juste dans l'eau de la nouvelle alliance et y obtient le salut.

Marche par la foi celui qui en a. Celui qui n'en a pas marche par la vue. Celui qui marche par la foi donne plus d'importance aux choses invisibles qu'aux choses visibles. Celui qui marche par la vue se moque des choses invisibles.

Ludus,le 11, mars 2024   Charles Székely

22. Un appui fort pour l'âme

Verset de base

Confie-toi en l'Éternel de tout ton cœur, et ne t'appuie pas sur ta sagesse. Reconnais-le dans toutes tes voies, et il aplanira tes sentiers. (Proverbes 3 :5,6)

La chute adamique a culbuté le monde, Adam étant devenu esclave de Satan, le chérubin rebelle est devenu le prince du monde. (Romains 6 :10, Jean 14 :29)

D'où toute la misère qui submerge la vie des hommes : impureté, maladie, vice, plaie, violence, meurtre, vol , injustice, esclavage .Tout cela se doit à l'ingérence des esprits impurs dans la vie de l'homme.

Le Seigneur Jésus est venu sur la Terre pour délivrer l'humanité de l'esclavage des Ténèbres, en la rachetant à prix de sang. Celui qui le reçoit comme Sauveur et Seigneur a un appui fort pour son âme.

Le Seigneur prend sous sa protection celui qui se confie dans son sacrifice et dans sa résurrection, en faisant alliance avec Dieu dans l'eau du baptême chrétien. En Romains il est écrit : » Si tu confesses de ta bouche le

Seigneur Jésus et si tu crois dans ton cœur que Dieu l'a ressuscité des morts, tu seras sauvé. Car c'est en croyant du cœur qu'on parvient à la justice, et c'est en confessant de la bouche qu'on parvient au salut. » (Romains 10 :9,10)

Mais ce témoignage-ci doit être rendu dans l'eau de la nouvelle alliance, afin que le candidat au baptême ait l'occasion de s'unir à Christ dans la mort. (Romains 6 :3-7) Au sortir de l'eau, le catéchumène est sauvé par le sang de Jésus, selon ce qui est écrit : » Celui qui croira et qui sera baptisé sera sauvé, mais celui qui ne croira pas sera condamné. » (Marc 16 :16)

La monnaie qui a cours au Royaume des Cieux, c'est la foi dans le sacrifice et dans la résurrection de Christ. Le Seigneur tint à préciser cette chose, en disant : Tout est possible à celui qui croit. (Marc 9 :23)

Dans l'eau du baptême, il a lieu la naissance d'Esprit sans laquelle nul n'entre dans le Royaume de Dieu. (Jean 3 :5) Né de l'Esprit Saint, le chrétien abrite dans son cœur un Christ en miniature, un bébé spirituel. Selon Paul, celui qui s'attache au Seigneur est avec lui un seul Esprit. (1Corinthiens 6 :17) Or, nous nous sommes attachés au Seigneur dans sa mort et dans sa résurrection. (Colossiens 2 :11,12) Dans l'eau de la nouvelle alliance, nous nous sommes procuré, par la foi, aussi bien sa mort que sa résurrection .Dès ce moment-là, Christ est en moi , et je suis en Christ. Le marche avec Christ est devenu possible, par une conversation ininterrompue.

Sous la Grâce, c'est une nouvelle créature qui compte. (2Corinthiens 5 :17) Tandis que la Loi collabore avec le vieil homme adamique de nature charnelle. L'adoration, la conduite et le service diffèrent dans ces deux systèmes de sanctification. Le ministère de la lettre, spécifique à ma Loi, tue, par contre, le ministère de l'Esprit, spécifique à la grâce, vivifie. (2Corinthiens 3 :1-6)

La nouvelle créature, due à la naissance de l'eau et d'Esprit, est un Christ en miniature, assis sur le trône du cœur, qui communique avec Celui qui est assis sur le Trône du Père. Les bébés en Christ constituent le troupeau de Dieu. C'est pour eux que Jésus s'est donné en rançon.

Le Seigneur se délecte à converser avec les moutons de son troupeau. Dans une tête à tête avec les pharisiens, Il tint à préciser : « Mais vous ne croyez pas, parce que vous n'êtes pas de mes brebis. Mes brebis entendent ma voix, je les connais et elles me suivent. Je leur donne la vie éternelle, et elles ne périront jamais, et personne ne les ravira de ma main. Mon Père, qui me les a données, est plus grand que tous, et personne ne peut les ravir de la main de mon Père. Moi et mon Père, nous sommes un. » (Jean 10 :26-30)

Entendre la voix du Seigneur, laquelle déverse la paix céleste dans les cœurs, c'est la clef de la vie chrétienne. Mais le tumulte de ce monde les troubles suscités par les querelles empêchent le chrétien d'entendre cette voix. Pour éviter cette surdité, le Seigner recommande à ses disciples le portement de croix .(Luc 9 :23)

Ludus,le 28 janvier 2024   Charles Székely

23. Autrefois, Dieu a parlé à nos pères par les prophètes, dans les derniers temps, Il nous a parlé par le Fils

Versets de base

Après avoir autrefois, à plusieurs reprises et de plusieurs manières, parlé à nos pères par les prophètes, Dieu, dans ces derniers temps, nous a parlé par le Fils, qu'il a établi héritier de toutes choses, par qui il a aussi créé l'univers. Le Fils est le reflet de sa gloire, et l'empreinte de sa personne et il soutient toutes choses par sa parole puissante. Il a fait la purification des péchés et s'est assis à la droite de la majesté divine dans les lieux très hauts. (Hébreux 1 :1-4)

Ces deux manières dont Dieu a parlé aux hommes sont spécifiques à l'âge de la Loi et à l'âge de la Grâce. Dans les temps anciens, l'Éternel a choisi des gens craignant Dieu pour transmettre des messages à son peuple élu parmi les descendants pécheurs d'Adam. (2Pierre 1 :20 ,21)

Dans les temps plus récents, Dieu a parlé par son Fils, par lequel Il transmet à l'humanité entière son pardon et sa sainteté.

Comme la Loi instituée par Moïse frappe de mort les pécheurs et personne n'échappe à sa rigueur, Dieu a trouvé bon de la remplacer par la Grâce et la Vérité.

Dans son Évangile, Jean relève que « la Loi a été donnée par Moïse, la grâce et la vérité sont venues par Jésus-Christ. » (Jean 1 :17) Cela veut dire que la grâce et la vérité firent défaut ici-bas avant la naissance de Christ.

Il est à remarquer, que la Loi de Moïse et la Grâce de Christ sont en contraste et s'excluent réciproquement, chose ignorée par plusieurs ministres de la Parole. Ceux-ci contribuent à détruire ces deux systèmes à servir Dieu. Pour eux, l'avertissement suivant n'existe pas : » Vous êtes séparés de Christ, vous tous qui cherchez la justification dans la Loi, vous êtes déchus de la grâce » (Galates 5 :4) Ainsi donc, les prédicateurs légalistes nuisent journellement aux assemblées où ils servent. À cause d'eux le christianisme échoue dans le monde.

À l'heure actuelle il y a une grande confusion concernant la Parole de Jésus-Christ. On attribue à Christ toutes les paroles retrouvées dans l'Ancien Testament, du fait que

Christ est la Parole Jean 1 :1-14) Mais l'Évangile se doit à la Parole incarnée. Les paroles de Jésus qui est à la fois Dieu et Homme commencent par l'Évangile de Paix.

Le but que Dieu poursuivit par le sacrifice de son Fils n'était seulement pas celui d'instituer la grâce ici-bas, mais aussi celui de rendre impuissant celui qui avait la puissance de la mort, c'est-à-dire le diable. (Hébreux 2 :14) Les paroles de Jésus s'appuient toujours sur son sacrifice de sang devant Dieu. Les paroles de l'Agneau céleste apportent la grâce, la vérité et le triomphe sur Satan. Les paroles de Moïse manquent de ses effets.

Avant de s'élever au Ciel, Jésus le Seigneur a lancé ces mots sentencieuses : »Allez, faites de toutes les nations des disciples, les baptisant au nom du Père, du Fils et du Saint Esprit, et enseignez-leur à observer tout ce que je vous ai prescrit » (Matthieu 28/19,20) À retenir que les paroles de Jésus diffèrent de celles de Moïse :

Ludus,le 26 juin 2024. Charles Székely

24. Le roi Belschatsar pesé dans la balance

Versets de base

« Voici l'écriture qui a été tracée : Compté, compté, pesé et divisé. Et voici l'explication de ces mots. Compté : Dieu a compté ton règne et y a mis fin. Pesé : Tu as été pesé dans la balance, et tu as été trouvé léger. Divisé : Ton royaume sera divisé et donné aux Mèdes et aux Perses. » (Daniel 5 :25-28)

Fils du roi Nebucadnetsar, Belschatsar donna un grand festin à ses grands au nombre de mille. À cette occasion, il fait servir du vin dans les vases d'or pris dans le Temple de Jérusalem. Tout le peuple s'amusait à louer les idoles.

C'est alors qu'une extrémité de main parut et écrivit sur le mur un texte inconnu pour le roi. Celui-ci entra en panique et proposa la troisième place dans l'État au sage capable de lire et de traduire ce texte.

Comme aucun devin de Babylone n'en était capable, la reine se souvint de Daniel et le roi le fit appeler.

Le prophète ne se bornait point à lire et à traduire le texte, mais il osait aussi reprendre le roi sur son manque de sagesse, vu qu'il n'a tiré aucun enseignement du malheur de son père. Celui-ci fut précipité de son trône royal et dépouillé de toute sa gloire à cause de son orgueil. Il fut chassé du milieu des enfants des hommes. Son cœur devint semblable à celui des bêtes. Cela veut dire que son comportement devint inhumain. » Sa demeure fut avec les ânes sauvages. On lui donna comme aux bœufs de l'herbe à manger et son corps fut trempé de la rosée du ciel, jusqu'à ce qu'il reconnaisse que le Dieu suprême domine sur le règne des hommes et qu'il le donne à qui il lui plaît. » (Daniel 5 :21,22)

Par ce qui suit, le prophète reproche au roi de ne point s'être humilié son cœur et de s'être élevé contre le Seigneur des cieux, désacralisant ses vases saints.

Quant au texte paru sur le mur, le prophète Daniel le lit et le traduit : « Compté, compté, pesé et divisé. Et voici l'explication de ces mots. Compté : Dieu a compté ton règne et y a mis fin. Pesé : Tu as été pesé dans la balance et tu as été trouvé léger. Divisé : Ton royaume sera divisé et donné aux Mèdes et aux Perses. » (Daniel 5 :25-28) Ces décisions ont été prises à cause de la légèreté de son âme pesée dans la balance de Dieu. Belschatzar a été trouvé léger, parce qu'il n'a jamais cherché à plaire à l'Éternel, qu'il ne connaissait point. Par contre, il se plaisait à adorer et à louer les dieux tournés. Ce qui irritait le Dieu vivant.

Par conséquent, cette nuit-là, Belschatsar, roi des Chaldéens, fut tué. Et Darius, le Mède, s'empara du royaume, étant âgé de soixante-deux ans.

Chaque récit de la Bible contient au moins une information utile sur le caractère et la personnalité de Dieu, donnant accès à la vie éternelle. Le Seigneur Jésus, dans sa prière sacerdotale, relève : » Or, la vie éternelle, c'est qu'ils te connaissent, toi, le seul vrai Dieu, et celui que tu as envoyé, Jésus-Christ. » (Jean 17 :3)

Le passage qu'on vient de présenter cèle plusieurs choses concernant Dieu. Il peut changer le cœur de l'homme en le faisant semblable à celui des bêtes. Le cœur étant le logement de l'esprit, son changement attire aussi les changements du comportement. Le roi Nebucadnetsar contracta des comportements de bêtes. Aussi, fut-il jeté de son trône. Les gens qui ont des comportements humains doivent en donner gloire à Dieu.

L'Éternel a l'habitude de mettre les gens dans sa balance. Ceux qui ne pèsent grand-chose n'échappe pas à sa punition. (Le 26 novembre 2023, Charles Székely)

25. Paroles préservées de cette race à jamais

Passage de base

Les paroles de l'Éternel sont des paroles pures, un argent éprouvé sur terre au creuset, et sept fois épuré. Toi, Éternel, tu les garderas, Tu les préserveras de cette race à jamais.

Pour un chrétien de coutume l'idée que Dieu garde ses paroles de cette race terrestre paraît étrange. Les ministres de la parole annoncent que Dieu ne fait point de favoritisme. (Actes des Apôtres 10 : 34) C'est juste en général, mais il y a aussi des exceptions. Le point de vue dont on approche ce sujet compte beaucoup. Dieu distingue entre les Abels et les Caïns.(1Jean 3 :12 ; Mattheu 23 :25)

L'Éternels préserve ses paroles des individus qui sont nés de semences d'ivraie. Mais il les découvre aux yeux de ceux qui sont nés de semences de blé. (Matthieu 13 :24-43))

En conversant avec ses disciples au sujet des paraboles présentées à ceux du dehors, le Seigneur leur dit : »il vous a été donné de connaître les mystères du royaume des cieux et cela ne leur a pas donné : » (Matthieu 13 :11)

Le Seigneur a fait mention en ces termes ceux qui se jouissent des secrets du Royaume : » tout scribe instruit de ce qui regarde le royaume des cieux est semblable à un maître de maison qui tire de son trésor des choses nouvelles et des choses anciennes. »

Ceux qui ont accès aux énigmes du Royaume des cieux étalent souvent des enseignements inouïs, tirées du fonds des textes saints, tels, la sainte trinité, la prédestination divine, la résurrection des morts. Le Seigneur avait en vue ces enseignements, et d'autres encore, lorsqu'il fit l'annonce suivante à ses disciples : » J'ai encore beaucoup de choses à vous dire, mais vous ne pouvez pas les porter maintenant. » (Jean 16 :12)

Il est très probable que les conducteurs manquant d'oïl lancent des attaques acerbes contre ceux qui en ont.

Ludus, le 2 décembre 2024 . Charles Székely.

26. Se glorifier volontiers dans sa faiblesse

Versets de base

Et pour que je ne sois pas enflé d'orgueil à cause de l'excellence de ces révélations, il m'a été mis une écharde dans la chair, un ange de Satan, pour me souffleter et m'empêcher de m'enorgueillir.

Trois fois j'ai prié le Seigneur de l'éloigner de moi, et il m'a dit : Ma grâce te suffit, car ma puissance s'accomplit dans la faiblesse. Je me glorifierai donc bien plus volontiers dans ma faiblesse afin que la puissance de Christ repose sur moi. (2Corinthiens 12 :7-10)

Pressé par la vogue des faux apôtres, qui n'ont point rencontré Christ, ni ne l'ont point vu, Paul recourt à une vision à laquelle il eut part.

Il a été ravi, probablement en esprit, jusqu' au troisième ciel et il a entendu des paroles merveilleuses qu'il n'est pas permis à un homme d'exprimer. Et pour qu'il ne soit point enflé d'orgueil à cause de l'excellence de ces révélations ; il lui a été mise une écharde dans la chair, un ange de Satan pour le souffleter et de l'empêcher de s'enorgueillir. Paul a prié trois fois le Seigneur de l'éloigner : Mais la réponse divine était négative : » Ma grâce te suffit ; car ma puissance s'accomplit dans la faiblesse. » (v.9)

Paul en déduit que la grâce de Jésus sert à diminuer et à effacer tous les maux causés par les anges de Satan et leurs esclaves : souffrance, outrages, calamités, persécutions, détresse.

Afin de profiter de la grâce du Seigneur, il faut s'unir à Lui dans sa mort et dans sa résurrection, chose accomplie par la foi dans l'eau du baptême. (Colossiens 2 :11 :12) Celui qui croit dans son cœur que le Père a ressuscité le Fils d'entre les morts, et en rend témoignage, entre dans l'eau comme un homme charnel et il en sort comme un homme spirituel de nature christique.

Pour mette à profit cette transformation, il est suffisant de dire : »je suis mort en Christ pour cette souffrance ou bien pour cet outrage, (cette calamité, cette persécution, cette détresse). »

La clé du portement de croix est la suivante : »Ainsi vous-même ,regardez-vous comme morts au péché et comme vivants pour Dieu en Jésus-Christ. » (Romains 6 :11)

Ludus, le 11 novembre 2024. Charles Székely.

Table des matières

yes

I want morebooks!

Buy your books fast and straightforward online - at one of world's fastest growing online book stores! Environmentally sound due to Print-on-Demand technologies.

Buy your books online at
www.morebooks.shop

Achetez vos livres en ligne, vite et bien, sur l'une des librairies en ligne les plus performantes au monde!
En protégeant nos ressources et notre environnement grâce à l'impression à la demande.

La librairie en ligne pour acheter plus vite
www.morebooks.shop

Printed by Books on Demand GmbH, Norderstedt / Germany